Alysson Leandro Mascaro

CRISE E PANDEMIA

© Alysson Leandro Mascaro, 2020

Edição
Ivana Jinkings

Preparação
Pedro Davoglio

Coordenação de produção e diagramação
Livia Campos

Capa
Flávia Bomfim e Maguma

Equipe de apoio
Artur Renzo, Carolina Mercês, Débora Rodrigues, Dharla Soares, Elaine Ramos, Frederico Indiani, Heleni Andrade, Higor Alves, Ivam Oliveira, Kim Doria, Luciana Capelli, Marina Valeriano, Marissol Robles, Marlene Baptista, Maurício Barbosa, Raí Alves, Thais Rimkus, Tulio Candiotto

ISBN 978-65-5717-042-7

É vedada a reprodução de qualquer parte
deste livro sem a expressa autorização da editora.

BOITEMPO
Jinkings Editores Associados Ltda.
Rua Pereira Leite, 373
05442-000 São Paulo SP
Tel.: (11) 3875-7250 / 3875-7285
editor@boitempoeditorial.com.br | www.boitempoeditorial.com.br
www.blogdaboitempo.com.br | www.facebook.com/boitempo
www.twitter.com/editoraboitempo | www.youtube.com/tvboitempo

Pronuncio-me enviando esta reflexão
às amigas e aos amigos companheiros,
numa hora decisiva das contradições
do capitalismo e de nossa sociabilidade.
Palavras de ciência, esperança
e luta a quem é de luta.

I. A CRÍTICA

1. Nem acaso da natureza nem má-sorte: trata-se da crise de um sistema social já estabelecido e de contradições patentes.

Não se pode limitar a pandemia do coronavírus às chaves de explicação biológicas ou da natureza. Trata-se de uma crise eminentemente social e histórica. A reiterada fragilidade da relação humana com a natureza corresponde a uma parcela pequena dos problemas presentes. No fundamental, a dinâmica da crise evidenciada pela pandemia é do modelo de relação social, baseado na apreensão dos meios de produção pelas mãos de alguns e pela exclusão automática da maioria dos seres humanos das condições de sustentar materialmente sua existência, sustento que as classes desprovidas de capital são coagidas a obter mediante estratégias de venda de sua força de trabalho. O modo de produção capitalista é a crise.

Os custos humanos da pandemia vislumbram-se extremos. Também isto não se deve a uma pretensa má-sorte da economia contra a natureza, porque aquela não é o ponto fixo e estável em favor do qual se devam moldar o natural e o social. A economia capitalista não tem que ser assim como é. O flagelo do desemprego, as habitações precárias para suportar quarentenas, as contaminações em transportes públicos lotados e a fragilidade do sistema de saúde são, exata e necessariamente, condições históricas de um modo de produção específico, o capitalismo. Pela aceleração da acumulação burguesa, o Brasil gestou um golpe em 2016 e, em seguida, vem desmontando seu Sistema Único de Saúde (SUS), historicamente não consolidado, agora ainda mais fragilizado. Caso a situação pandêmica se revele menos grave, é possível que o sistema econômico capitalista e suas demandas sociais venham a se ajustar, contornando parcialmente sua crise. É provável, no entanto, que a dor humana e a morte se vejam em quantidades exacerbadas e as coordenações sociais, institucionais, políticas e econômicas sejam insuficientes ou disruptivas. O capitalismo, pelas suas formas, não pode resolver as questões da saúde coletiva, do assalariado ou da habitação. No primeiro caso porque, se tudo é mercadoria, a saúde não consegue deixar de ser capturada por tal determinação. O SUS nunca conseguiu ser totalmente público; cada vez mais está sendo desmontado em favor dos negócios privados. No segundo caso, porque o salário é justamente a forma da exploração econômica. No terceiro caso, porque a propriedade privada orienta as condições de habitação, e sua característica é ser *erga omnes*, contra todos. Assim, a propriedade é de alguém, não dos demais, fazendo com que a maioria não tenha onde morar. Em momentos extremos, pode ser que a saúde, o desemprego e a ausência de condições básicas de vida não consigam ser minorados com as políticas públicas do Estado. Então, somente a superação das formas do capital – mercadoria, Estado e direito – dará conta de resolver seus impasses: contra a fragilidade do sistema da saúde semipúblico e dependente do capital, não só hospitais de campanha, mas a saúde pública universal; contra o desemprego, não só novos empregos ou bolsas de apoio, mas a tomada dos meios de produção; contra as habitações precárias, não só tendas provisórias, mas o fim da propriedade privada. O grau da crise demonstrará o grau das necessidades e das urgências. A reação das sociedades capitalistas tende sempre a ser uma resposta no limite mínimo às demandas máximas. Neste começo de crise, pensa-se pelo trivial: renda básica disponibilizada aos mais pobres, linhas de crédito de socorro a empresas, dilatação de prazo de pagamento de tributos. É possível que nenhuma das receitas tradicionais ou de menor impacto sejam suficientes e, por fim, o capitalismo não consiga dar conta da pandemia: deve-se então superar rapidamente o capitalismo.

2. Não se trata apenas de uma crise do neoliberalismo: a crise é do capitalismo.

Não se pode localizar a crítica da atual crise apenas no plano do neoliberalismo. No imediato, sim, a desarticulação dos mecanismos de saúde pública e de produção industrial e provimento institucional para urgências é obra de um modelo político neoliberal, que espelha um regime de acumulação e um modo de regulação de matriz pós-fordista. Ocorre que tal mudança de acumulação e de regulação não é uma corrupção do capitalismo – como se houvesse um bom e um mau capitalismo –, mas sua manifestação estrutural. A orientação à acumulação, mediante extração de mais-valor e realização de lucro, é tanto a base do fordismo – das sociedades que viveram circuitos de desenvolvimentismo e bem-estar social relativos – quanto do pós-fordismo. A fraqueza neoliberal ao lidar com a saúde coletiva, o desemprego em massa e a crise econômica correspondente é sintoma de um modo de produção todo ele calcado na forma-mercadoria.

Assim, não é possível se salvar dos efeitos sem se alcançar as causas. A acumulação e a regulação de perfil pós-fordista – neoliberal no que se denominam seus termos políticos imediatos – é uma das margens naturais do leito do rio do capitalismo, e não uma excrescência que se possa isolar mantendo o rio preservado. O movimento histórico do capital leva a plataformas de produção flexível e conjugada em vários espaços internacionais, tornando a fragilização das políticas nacionais mais patente. Daí, em momentos extremos, esmorecem modalidades de reconversão industrial, de produção de insumos fármaco-médico-hospitalares e, mesmo, de sustento da sociedade – comida, infraestrutura habitacional e de transportes, prestação de serviços básicos etc. Não há qualquer maximização das possibilidades sociais mediante uma economia liberal: há apenas uma marcha da acumulação contra todas as formas sociais relacionais que lhe sejam antagônicas. O neoliberalismo não é um desvio da acumulação, mas sua majoração. Formações sociais pós-fordistas (neoliberais) operam formas sociais capitalistas, sendo estas as determinantes daquelas.

Qualquer constatação crítica que seja rigorosa cientificamente e fecunda só pode analisar a crise presente, exponenciada pela pandemia, tendo em vista que se trata de crise do capitalismo.

3. A crise das formas econômicas encontra a crise das formas institucionais, revelando a crise das formas de subjetividade.

Não há funcionalidade plena entre Estado e reprodução social. A forma política estatal deriva da forma mercadoria, sendo um terceiro em face dos agentes da produção, mas não tem o condão de ser uma inteligência funcional plena do capital. Guardando autonomia relativa, atravessada por antagonismos, conflitos e contradições os mais variados, erigindo-se sobre economias concorrenciais e reagindo a distintos interesses, os Estados não são totalmente eficientes à exploração, às dominações e à reprodução social. O mesmo se dá com o direito. O arcabouço jurídico não salva as sociedades das crises; antes, permite-as.

Podem-se opor os ferramentais políticos dos Estados desenvolvimentistas do século XX àqueles dos Estados da atualidade, sob o pós-fordismo, no que se revela a disfuncionalidade relativa das formas institucionais atuais: se permitiram uma exponenciação do acúmulo de capitais e de sua concentração financeira, esmoreceram também as possibilidades de contenção mais rápida e eficaz de sua crise. Toda uma marcha institucional tem de ser realizada contra as próprias dinâmicas dos governos em curso: neoliberais buscam salvar suas economias capitalistas sustentando financeiramente empresas; em alguns setores, regulações de guerra passam a valer por sobre a livre-disposição contratual, até ontem louvada e propiciada; discursos ideológicos são maleabilizados. A crise do capital em face do coronavírus acelera também a crise do direito: as ferramentas jurídicas neoliberais são rapidamente abandonadas em favor dos instrumentos jurídicos intervencionistas.

Os mecanismos pós-fordistas de resolução de crise, menos disponíveis que aqueles do fordismo, revelam um descompasso estrutural e inexorável entre instituições, economia e sociabilidade, ao lado dos tantos outros compassos estruturais que permitem a reprodução do modo de produção. Ao mesmo tempo, tais compassos e descompassos se encontram com as próprias formas de subjetividade presentes. Modelos pós-fordistas de produção e de acumulação constituem sujeitos sem maiores organicidades político-econômico-sociais – desconexão com partidos políticos e movimentos sociais de massa, ausência de representação sindical, locais de trabalho remotos e individualizados, interações mais virtuais que presenciais, subjetividades narcísicas e cínicas especificadas e ampliadas, orientação plena pelo cálculo econômico da vida. Com isso, as formas de subjetividade não servem, via de regra, de contraste à crise ou de elemento de combate em busca de sua superação; pelo contrário, são elementos de expansão e de propagação dessas mesmas formas de sociabilidade em crise.

4. A crise do capital diante da pandemia encontra a crise brasileira, que a exponencia.

Soma-se à fragilidade material da relação entre política e economia no capitalismo, o específico de cada uma das formações sociais. No quadro brasileiro, a pandemia e a crise econômica presente encontram um grau ímpar de regressismo e reacionarismo político e social, que, sob o governo de Jair Bolsonaro, majorou-se em relação às próprias experiências neoliberais precedentes, incluindo as de Fernando Collor, Fernando Henrique Cardoso e Michel Temer, que já haviam sido exponenciais. O atual governo ecoa padrões da ditadura militar – mesmo assim, no plano econômico, emulando suas fases de maior liberalismo e subserviência aos Estados Unidos, como sob Castelo Branco, contrastando com fases desenvolvimentistas como a de Ernesto Geisel.

A plataforma de extrema-direita de Bolsonaro ecoa políticas de direita havidas em todo o governo Temer e no final do governo Dilma Rousseff, na antessala de sua derrubada. Nesse período, que vai de 2015 até agora, com aumento exponencial nos últimos anos, tem-se um quadro de fragilidade institucional que impede reações rápidas à crise. Até o presente momento, Bolsonaro age em termos de propiciar o aumento do quadro pandêmico, sem políticas de maior vulto para o socorro à população. Trata-se de um governo sem quadros capazes, manietado por um direto controle tanto militar quanto do capital financeiro, dinamizado por milícias de internet, sem oposição forte nem controle institucional pelos poderes Legislativo e Judiciário.

5. A crise como reação à crise.

A solução de Donald Trump até há pouco e a de Jair Bolsonaro até o presente é a de investir na crise como reação à crise. Trata-se de um movimento múltiplo. Começa com um negacionismo de primeiro momento, como foi típico também de muitos governos nas reações à crise de 1929, o que é alimentado por autoenganos pessoais dos governantes, dos órgãos políticos e dos atores econômicos do capital. Logo em seguida, trata-se também de uma estratégia política: tais líderes põem-se em oposição à própria realidade sobre a qual governam, diminuindo custos políticos e responsabilidades que lhe sejam próprias, valendo-se dos seus públicos cativos de extrema-direita e de discursos e pensamentos anticientificistas. Por fim, encontra-se a estratégia econômica: setores sociais e frações de classe são vencidos por outros, que concentram e amealham os resultados positivos dos esforços sociais. Já nos EUA e no Brasil os bancos e os setores financeiros ganharam, de imediato, apoio que não se estendeu na mesma quantidade a outros setores burgueses, muito menos às massas trabalhadoras. Trata-se, neste momento, de controlar o fogo da crise com fogo de encontro, salvando-se setores e deixando queimar outros.

II. A LUTA

6. A presente crise é estrutural; desagrega padrões de sociabilidade.

Tal qual 2008, o ano de 2020 revela um padrão estrutural de crise da valorização do valor no capitalismo mundial. A crise do capital financeiro-especulativo já vinha, nos primeiros meses de 2020, se pronunciando de modo a afetar amplos setores da economia pelo mundo. No entanto, para além de 2008, desta vez à crise econômica soma-se o impacto direto, na vivência imediata da sociabilidade, da pandemia. Avista-se já um flagelo social de proporções enormes, com desgraças e sofrimentos vultosos ao povo trabalhador e pobre. O atrito e o incômodo às subjetividades serão muito maiores que o da crise anterior. Como as possibilidades de reativação rápida da acumulação de capital também não estão em cena, vislumbra-se uma crise estendida, de fases, permitindo múltiplas estratégias de reação do capital e da política burguesa mundial mas, ao mesmo tempo, ensejando reações variadas das massas mundiais – desesperos, saques, mortes, revoltas, fragmentações ou unificações de estratégias reativas, surgimento de movimentos contestadores ou novas vanguardas. A crise atual é estrutural na economia, na política e na sociabilidade: das reações mantenedoras às amplas mudanças, estão abertas múltiplas possibilidades históricas.

7. A presente crise leva a situação brasileira a um caso-limite.

O Brasil se encontra em posição duplamente desfavorável na reação à crise. Pelas razões capitalistas, porque é o caso-limite do experimento da extrema direita contemporânea, com o neoliberalismo simbolizado por Paulo Guedes tendo exaurido muitas das possibilidades de contraposição desenvolvimentista. Pelas razões contestadoras e anticapitalistas, porque a armadura institucional e social brasileira atual é amplamente apoiada no aparato militar – Forças Armadas e polícias – de cariz reacionário, tendo se fundado numa disputa ideológica exacerbada, nos últimos anos, contra o socialismo e os movimentos de esquerda, o que fragilizou e continua a bloquear grande parte da contestação.

No que tange à reação do capital, pelas razões de um desmonte neoliberal radical das instituições de Estado, o Brasil será, no mínimo, retardatário de uma recuperação do regime de acumulação mundial, vindo a padecer, se muito tardar em tal processo, de uma *débâcle* econômica e social interna, passando por quadros de aguda dor, sofrimento e desagregação. No que tange à reação progressista, vive-se sob um aparato de Estado com elevadas gradações repressivas, tanto nos aparelhos armados estatais quanto nas instituições do direito, cujos agentes são de perfil ideológico de extrema direita, sem suficiente campo judiciário legalista de tipo tradicional para contrabalanceamento. A experiência do golpe de 2016 está presente como horizonte constituinte do entendimento e das possibilidades de ação dos agentes estatais. Ou o poder das massas cresce de tal modo que venha a acuar tal coesão político-social dominante, ou as lutas contestatórias parciais serão cruelmente reprimidas.

Papel específico e ambíguo para a manutenção da hegemonia burguesa brasileira representa a figura de Jair Bolsonaro. Estruturalmente é disfuncional à reprodução social, dada sua incapacidade de governo e reação à crise. Ao mesmo tempo, manipula as frações de extrema direita da sociedade, do capital e dos agentes do Estado, e forçará as margens de autoritarismo que garantam seu poder imediato ou final. Em perdendo o apoio do grande capital, restará apenas o apoio militar, de tal sorte que sua manutenção ou sucessão se resolverá a partir de decisões das cúpulas militares e/ou sinalizações destas aos poderes legislativo e judiciário, num processo algo similar ao que envolveu a sucessão de Costa e Silva – golpe dentro do golpe –, excluindo-se Pedro Aleixo e instituindo-se uma junta militar provisória até por fim conduzir-se Garrastazu Médici ao poder. Deve-se, é claro, guardar aqui as devidas nuances, pois num caso estava-se em plena ditadura e, hoje, demanda-se formalmente a coesão de demais instituições. Bolsonaro é, para os militares, um novo problema Pedro Aleixo e eventualmente a solução será um golpe dentro do golpe ao estilo da sucessão de Costa e Silva, o que reitera o que afirmei em *Crise e Golpe*: 1964 é a verdade brasileira contemporânea, mais que o aparato institucional de 1988.

8. A presente crise ensejará novas etapas e estratégias de acumulação.

As crises operam sob as formas do capital: assim sendo, sua tendência é de resolução pelos próprios termos que as ensejam. A crise de acumulação que vai do início do século XX – Primeira Guerra Mundial – até ampliar-se com a quebra econômica de 1929 se resolveu com uma nova matriz de acumulação, mediante controle estatal, num processo havido tanto na União Soviética quanto nos EUA quanto na Europa no entreguerras e após 1945, estendendo-se parcialmente a demais países do mundo. Via de regra, nos pós-crises, a acumulação capitalista sempre se mantém, ainda que sob novas bases ou a benefício de frações distintas do capital. Já a crise de 2008 nem a novas bases precisou chegar: o mesmo padrão de acumulação neoliberal se reiterou e se ampliou. O exemplo do governo Lula, que havia crescido no diapasão de contraposição à crise de 2008, foi politicamente cassado e ideologicamente bloqueado e erodido. O neoliberalismo fracassou materialmente e ganhou ideologicamente.

Em especial, as crises são estruturais ao capital, ensejando tanto expurgos de suas disfuncionalidades e contradições (função resolutiva) quanto novas possibilidades de acumulação (função propositiva). As várias décadas de capitalismo pós-fordista, neoliberal, representaram um aumento exponencial das crises do capital fictício. Suas impossíveis sintonizações e readequações junto à economia real – o que acaba por disfuncionalizar toda a dinâmica econômica – fazem com que a crise sirva de ensejo à resolução a partir de fatores externos (ditos de força maior) a essa própria dinâmica. Trata-se, sempre, de um processo de perdas e ganhos variáveis, mas que tende a fortalecer a própria marcha da acumulação, na medida do expurgo de alguns de seus excessos ou disfuncionalidades. Assim, a crise econômica presente, que já tinha vindo à tona nos primeiros meses de 2020, apenas encontra depois, na pandemia do coronavírus, a motivação terceira para sua resolução. Emitindo-se mais dinheiro e papéis, servindo-se do socorro dos Estados aos bancos, rebaixando, flexibilizando ou mesmo suspendendo as proteções ao trabalho, nacionalizando-se, estatizando-se ou intervindo em empresas e na atividade econômica, pela forma política estatal socorre-se parcialmente a sociabilidade da forma mercadoria. As reações políticas e jurídicas às crises não salvam *do* capital; salvam *o* capital.

Ao mesmo tempo, as crises do capital são momentos excelentes de prospecção da acumulação. A hecatombe de setores, a estatização de empresas e a transformação do tecido social ensejam novos negócios: apoios e incentivos governamentais, outras privatizações em sequência, novas tecnologias e atendimento de novas demandas relacionais sociais – como os negócios de presídios em caso de aumento do encarceramento. Além disso, a quebra de empresas leva à compra vantajosa por outros capitais – frações do capital deglutem outras. Antes de ser o momento pelo qual a desagregação leve à superação do próprio modo de produção capitalista, a crise é o momento pelo qual a desagregação gera acumulação. A doutrina do choque, popularizada por Naomi Klein, tem sido o roteiro padrão das intervenções do capitalismo nas crises contemporâneas. É muito provável que, sem reação popular, a atual crise, cujo grau de flagelo social é altíssimo, seja recomposta em termos de uma ainda maior dominância neoliberal. A falência do capitalismo em 2008 produziu uma década de golpes políticos pelo mundo, além da exaltação da ideologia do empreendedorismo – como no caso dos trabalhadores autônomos a partir de aplicativos – e da ampliação do posicionamento político das massas pela extrema direita – Trump, Bolsonaro, entre outros. O mesmo aparato de dispositivos está a postos para a crise atual, cujo choque, ao invés de frear o capitalismo, permitirá o seu avanço, ainda mais imunizado. Nunca houve nem há nenhum limite moral, ético ou humanista ao capital: a sociedade capitalista é apenas a sociedade da marcha da acumulação. Nestes dias correntes, as propensões de Trump e Bolsonaro e dos capitalistas seus áulicos contra quarentenas e a favor da circulação de pessoas e do envio dos pobres aos postos de trabalho são provas de que sequer questões de vida e morte detêm o interesse do capital. Nazismo, fascismos e genocídios não são pontos abomináveis do sistema; são suas margens extremas e possíveis.

Assim, a crise do capitalismo contemporâneo, agravada pela pandemia, buscará se resolver, pela dinâmica do capital e da coerção das formas, mediante seus próprios termos: liquidando os impasses internos de décadas da economia neoliberal e abrindo, por choque, novas possibilidades de acumulação. A crise é a solução da crise.

9. A presente crise se desenrolará por fases distintas; a possibilidade de surgimento de vanguardas dará hipótese ao socialismo.

Crises estruturais do modo de produção não se resolvem em movimentos rápidos. Estes apenas as contêm parcialmente, mas como seus efeitos são de perda, contenção e redistribuição de lucros, prejuízos e disponibilidades, alterando o quadro da concorrência e dos ganhos e poderes das frações de classe, novos conflitos se levantam, além daqueles já existentes e de difícil resolução de pronto. Com tal horizonte, a crise presente se desenrolará por etapas. O movimento do capital será o de estancar suas perdas imediatas pelo sustento estatal. Mas ao mesmo tempo há o esfacelamento social, calcado no desemprego extremo e no flagelo sanitário. Os movimentos da sociedade e das classes populares serão os de revolta, disfuncionalidade da vida básica e erosão das condições de trabalho. Eventualmente, tentativas de apoio estatal, como os de renda mínima, podem estancar a crise do tecido social. Se assim não o for, a crise se amplia.

Numa segunda etapa é que se revelarão os movimentos profundos da crise: a força do capital para então pavimentar mediante choque outra etapa de acumulação ou, em sentido contrário, as demandas de classes, grupos e movimentos em busca do estabelecimento de proteções sociais estruturais, quiçá no começo de perfil fordista – restituição e/ou ampliação do Estado de bem-estar social –, ou, em caso de persistente crise, com movimentos de nacionalização, estatização, expropriação pontual ou, mesmo, tomada dos meios de produção.

Por se tratar de crise em fases, não se pode estabelecer, no presente, nenhum prognóstico sobre seu desenrolar. Em se tratando de uma crise sob a coerção das formas sociais capitalistas, sua força motriz tende a ser pela resolução de acordo com essas mesmas formas. Ocorre que, se movidas violentamente do padrão costumeiro de sociabilidade e de subjetivação, as massas e classes desprovidas de capital poderão reagir de modo distinto daquele das últimas décadas. No imediato, a reação pós-fordista das massas e classes trabalhadoras tem sido e tende a ser à direita, ideologicamente constituída pelo capital. Mas é possível vislumbrar – sem nenhuma certeza de que isso acontecerá – que, com a crise econômica e a pandemia, o atrito na constituição da subjetividade seja materialmente tamanho que tal situação enseje um movimento de crítica estrutural. Então, nesse momento posterior, poderão surgir, no Brasil e pelo mundo, vanguardas e lideranças novas que deem linhas de sentido, bandeiras e horizontes às lutas. Se há uma patente ausência de liderança revolucionária no presente, há a possibilidade de seu surgimento conforme os acontecimentos. O processo revolucionário não é linear nem teleológico: as condições objetivas podem, em alguma quadra do desenrolar da crise, encontrar as condições subjetivas, gerando, nas palavras de Ernst Bloch, o possível concreto.

10. A presente crise abre a hipótese de uma transformação da sociabilidade capitalista.

Pela primeira vez na história do capitalismo pós-fordista, sua crise se conjuga com elementos de incômodo extremo à reprodução quotidiana e imediata da subjetividade. A crise de 2008 gerou massas de desempregados e de pauperizados pelo mundo. Estes, no entanto, mantiveram-se sob o mesmo horizonte ideológico neoliberal e, quiçá, o ampliaram: do desemprego ao trabalho em Uber, reforça-se o capitalismo com o discurso do empreendedorismo. A crise atual não só pode se revelar uma desgraça à empregabilidade quantitativamente maior que a de 2008 quanto, nos termos qualitativos, seu estado de quarentena, suas relações pessoais e sociais rompidas e reconstituídas, seu desespero e seu deslocamento das subjetividades podem levar a um atrito só semelhante aos das guerras e revoluções. Em momentos extremos, a materialidade econômica da exploração pode se fazer compreender para além da materialidade político-ideológica do capital que constitui o imediato das subjetividades.

Não há uma teleologia da história. Não se pode inferir que da crise do capitalismo advenha o socialismo. É possível, mesmo – quiçá mais provável – que a crise do capitalismo se resolva mantendo-se a própria crise como padrão ou, então, salvando-se a acumulação mediante seu recrudescimento neoliberal, reacionário, com modalidades fascistas. Ocorre que a sociabilidade não tem em suas formas uma garantia de reprodução perfeita, nem funcional nem necessária. Elementos de divergência, antagonismo, conflito, contradição, em sociedades concorrenciais e de interesses contrapostos, podem deflagrar processos estruturais de câmbio social. Para tanto, é preciso que em algum momento convirjam crise da reprodução